Paule Benichou

La révolte des pieds

Illustrations, couverture et mise en page
Victor Allet

Introduction

Au nord-ouest de l'Italie, près de la France et de la Suisse se trouve une région appelée le Piedmont. Elle tire son nom de sa situation particulière au pied des Alpes. Les touristes, nombreux durant l'été, apprécient la beauté et la variété de la nature, les profondes et verdoyantes vallées, les lacs apaisants, les vignobles généreux et également les rares châteaux médiévaux. Les stations de sport d'hiver aussi attirent de nombreux amateurs de ski. Les piémontais mènent une vie paisible, rythmée par les saisons.

Un évènement inhabituel va rompre la tranquillité de cette région et de ses habitants. Un fait tout à fait nouveau dont on parlera longtemps dans les chaumières. En effet, l'Association Mondiale des Pieds (AMP) a choisi le Piedmont pour organiser son Assemblée Générale Extraordinaire. Tous les représentants des différents pieds à travers le monde sont conviés à participer à cette réunion exceptionnelle. Ce petit coin de paradis va donc devenir un lieu de rassemblement inédit qui exige une organisation à la mesure de l'évènement. Toutes les communes environnantes sont alertées et beaucoup de piémontais vont participer au bon déroulement de cette grande réunion.

L'Association Mondiale des Pieds est présidée par Monsieur Charles-Henri Ripaton, initiateur du rassemblement. Personnalité charismatique, ce fédérateur qui laisse aucun pied indifférent : il est reconnu et respecté de tous les pieds, quelle que soit leur origine et leur culture. Son physique longiligne en impose et on le surnomme le grand Panard.

On raconte qu'il serait un descendant de la fameuse Berthe aux grands pieds, l'épouse de Pépin le Bref et la mère du roi Charlemagne. C'est vrai qu'il a une allure aristocratique et qu'il s'exprime avec un langage très raffiné. Très jeune, il dépassait tous les autres pieds de son âge. Il devait faire réaliser ses chaussures sur mesure. A la piscine, il battait des records et il fut interdit de compétition car les moniteurs considéraient que ses pieds faisaient office de palmes et décourageaient tous les autres nageurs.

Pour monsieur Ripaton, les pieds occupent une place prépondérante et il a choisi de consacrer une bonne partie de sa vie à améliorer la vie des pieds. Sa passion débordante est reconnue et son association compte des milliers d'adhérents sur toute la planète.

Il reçoit beaucoup de courrier, des mails innombrables, des lettres sincères où des pieds racontent leurs vies, témoignent de leurs difficultés et de leurs souffrances. Et oui, le constat est frappant: beaucoup de pieds souffrent aujourd'hui en silence!

Grand Panard comprend et soutient tous les adhérents de l'AMP. L'union de tous constitue une force non négligeable. Si tous les pieds décidaient de se tenir et de s'unir pour résister aux pressions qu'ils subissent, un changement pourrait s'opérer. C'est dans cet état d'esprit que cette assemblée a pu voir le jour.

Le quotidien « la Stampa » a tiré une édition spéciale hors-série pour couvrir cet évènement et soutenir l'action de l'association.

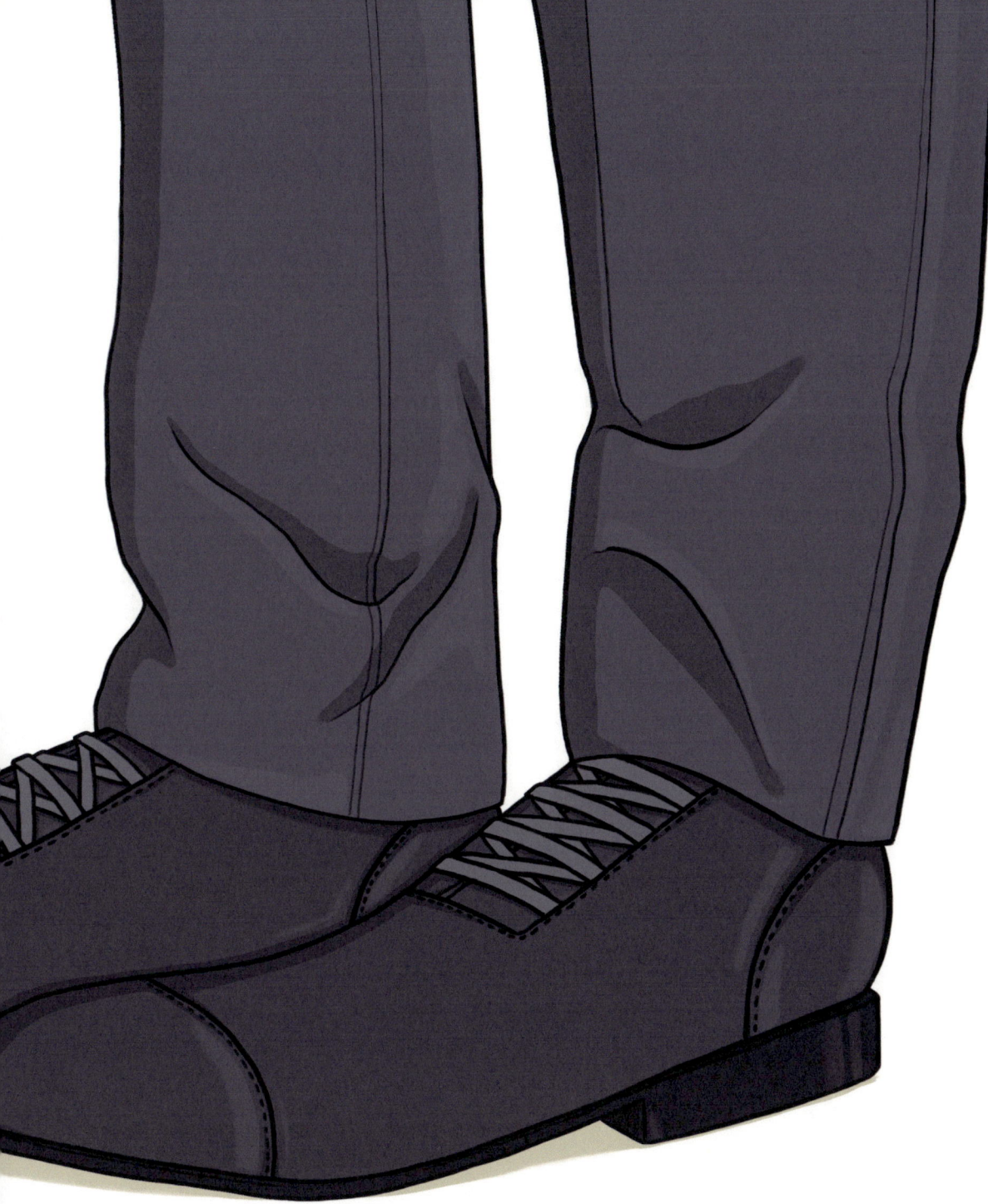

Fondée à Turin en 1867 sous le nom de «Gazette Piémontaise», ce journal a pour devise : « Résistez sans réfléchir ».

150 ans plus tard, l'actualité colle encore avec cette façon de penser. Des écrivains, des scientifiques, des politiciens appellent à l'esprit de résistance, à une insurrection pacifique, à ne plus se soumettre et à s'indigner.

Le message a été entendu car des groupes de contestation se forment de toutes parts comme celui des bonnets rouges en Bretagne, parti en guerre contre l'écotaxe. Le mouvement des gilets jaunes, lancé au départ pour protester contre la hausse des prix du carburant, manifeste pour obtenir une restructuration sociale et politique de la société. Les retraités réclament une augmentation de leurs pouvoirs d'achat. Les policiers dénoncent leurs conditions de travail et le mouvement est rejoint par différents secteurs professionnels : les agriculteurs, les pompiers, les enseignants, les médecins, les infirmiers...

Dans ce climat de revendications, les pieds décident, eux aussi, de se mobiliser pour exprimer leur mécontentement. Les pieds, en quête d'une vie meilleure, sont prêts à se soulever avec force et détermination.

De nombreux journalistes internationaux sont sur les lieux, prêts à les écouter et à partager toutes les informations de cet évènement. Ils sont *à pied d'œuvre.*

« Danse avec les pieds,
avec les idées, avec les mots,
et dois-je aussi ajouter
que l'on doit être capable
de danser avec la plume ? »

Friedrich Nietzsche

L'allocution du président

Charles-Henri Ripaton est acclamé comme une rock star lorsqu'il se présente devant la foule de pieds réunie devant lui. Il est très ému de constater cette multitude d'adhérents qui a répondu *au pied levé* à son invitation : des pieds égyptiens, des grecs, des romains, des celtes, des germaniques mais aussi des pieds carrés, des pieds ancestraux et même des pieds bots. Il les remercie tous chaleureusement pour leur présence :

« Chers amis, les pieds du monde entier, cette réunion est capitale, à la hauteur de notre mission particulière à chacun. Nous sommes tous responsables du **soutien et du maintien de l'équilibre d'un corps humain**. Il faut bien comprendre que sans nous, les pieds, l'homme ne peut pas se tenir debout. C'est bien là ce qui distingue l'être humain de l'animal. Même si chaque pied reçoit la moitié du poids du corps, la charge reste très lourde et tout repose sur l'impressionnante structure composée des **26 petits os alignés**.

Nous devons aussi jouer **les rôles d'amortisseur et de propulseur** grâce aux 33 articulations et la centaine de muscles, ligaments et tendons. En effet, les forces sont réparties à l'arrière du pied, notre fameux tarse qui assure la stabilité et à l'avant composé de nos non moins fameuses phalanges et métatarses qui permettent la mobilité. Chaque os a donc son importance et permet un mouvement particulier.

Cette architecture complexe constitue la voûte plantaire. Et aujourd'hui, les spécialistes sont formels; cette **voûte est en péril**. Nous devons réagir car cette dégradation cause des souffrances innombrables. Je suis sûr que tous, vous me comprenez.»

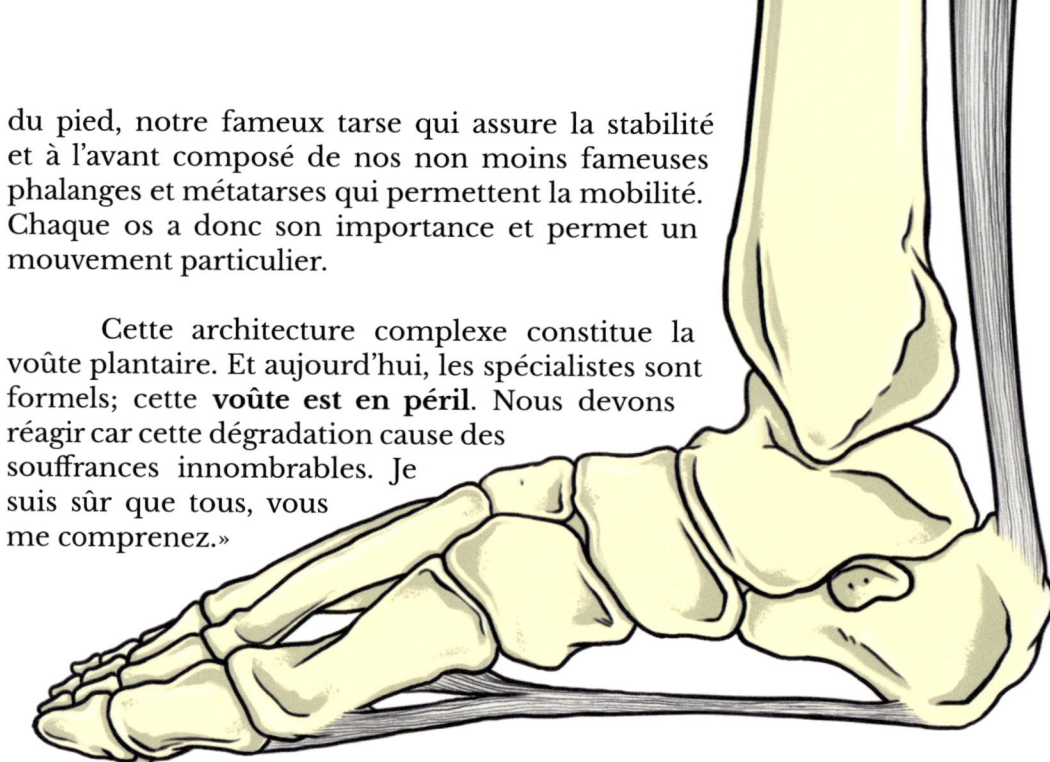

Ses dernières paroles suscitent des applaudissements par l'ensemble des pieds enthousiastes et admiratifs. Très touché, le président reprend son discours :
«Un grand poète français a dit que les pieds sont intelligents *et qu'il faut être bête comme l'est souvent l'homme pour dire des choses aussi bête que bête comme ses pieds**.

Surtout que c'est encore le pied qui est sollicité pour parler de plaisir. Dans le langage populaire, on dit : *c'est le pied* pour qualifier une situation de bien-être et l'expression *prendre son pied* exprime un moment d'intense satisfaction ou de jouissance au cours de l'acte sexuel.

En fait, nous sommes incompris. Nous vivons enfermés la plupart du temps dans des chaussures où nous ne respirons plus. L'homme moderne est préoccupé par les découvertes technologiques, la croissance économique, la consommation, la conquête de l'espace et oublie totalement de respecter ce qui lui permet de se tenir debout sur la terre, de se déplacer et même d'évoluer.

Oui, évoluer, vous avez bien entendu car l'évolution d'un être humain dépend de son **enracinement**, donc de la plante des pieds. Les hommes ressemblent aux arbres, enracinés dans le sol à une extrémité et s'élevant vers le ciel de l'autre. Les arbres poussent vers le haut car leurs racines sont bien plantées dans le sol.

Etre enraciné pour l'homme, c'est avoir les pieds sur terre, c'est être ancré, conscient des réalités fondamentales de la vie, de son entité, de son espace et de son environnement.

Et pour conclure ce discours, je vous demande de retenir ceci: si on déracine un arbre, il meure. *Si on déracine un être humain, il devient spirituellement infirme.* »

Cette dernière phrase provoque un grand silence dans l'assemblée. Chaque participant est conscient de vivre un grand moment dans l'histoire des pieds. Une nouvelle page s'ouvre avec ce rassemblement et incontestablement les pieds sont *en marche*.

*Poème de Jacques Prévert : Dans ma maison

Carré

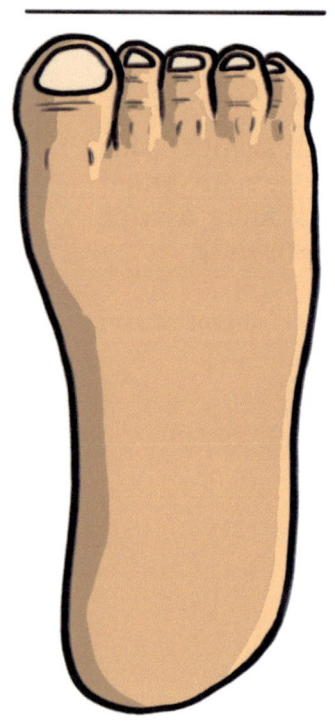

Romain

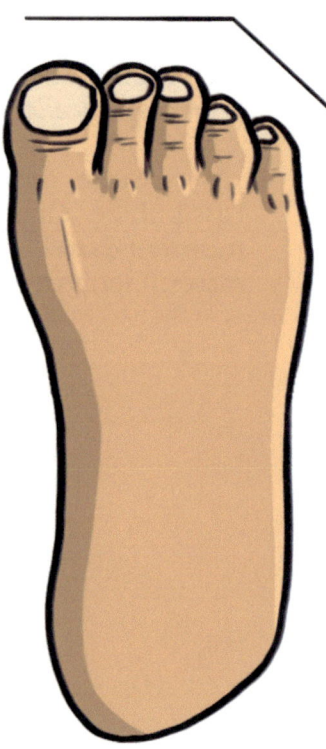

Egyptien

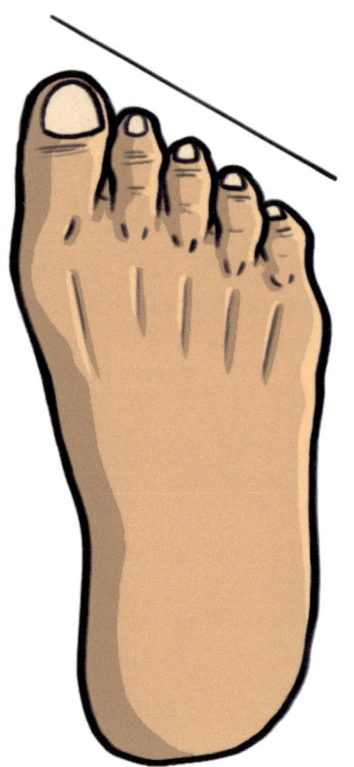

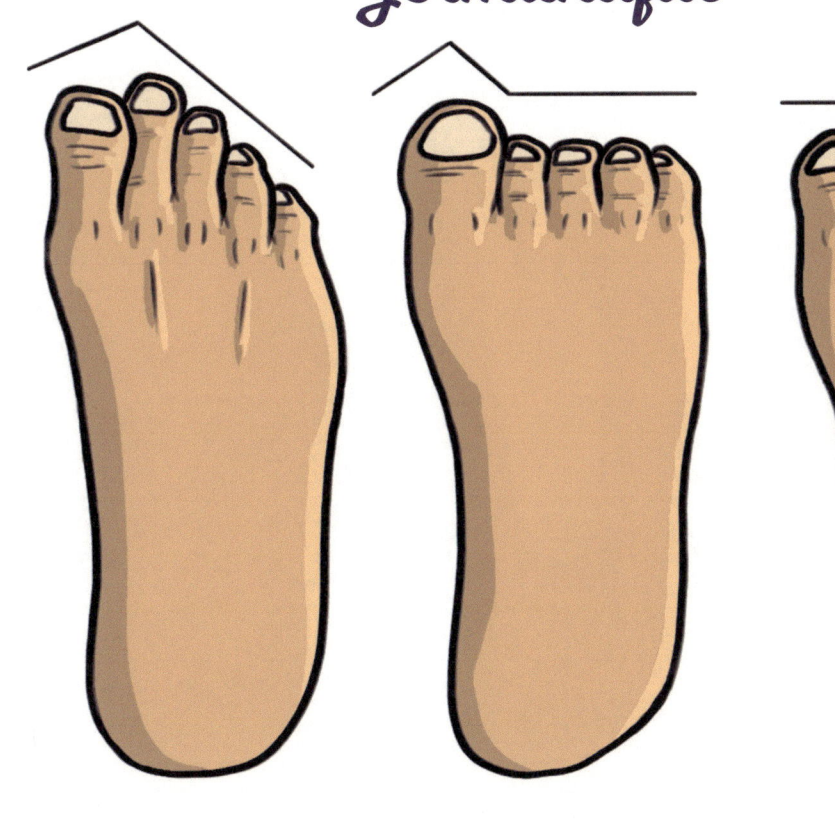

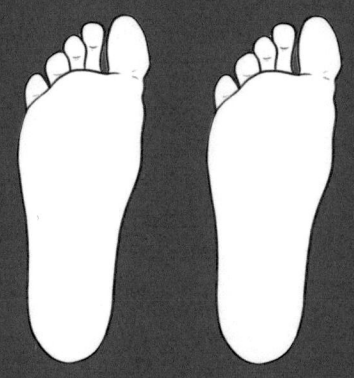

Les pieds s'éxpriment

Charles-Henri Ripaton, le président de l'AMP a sélectionné des paires de pieds typiques, disposées à témoigner de leur histoire devant toute l'assemblée.

Les premiers pieds ont fait un long voyage pour venir jusqu'ici, dans le Piedmont :

Quand les pieds de la vieille dame se retrouvent aux côtés de Grand Panard, la foule réagit par des exclamations où se mêlent, la surprise, la compassion et même une once de moquerie. Ces petits pieds rabougris font peine à voir comparés à la taille et l'élégance de ceux du Président. Personne ne peut rester indifférent !

Mais dès que ces pieds difformes prennent la parole, un silence respectueux et attentif s'établit spontanément.

Les pieds d'une chinoise

« Comme l'a très bien rappelé monsieur Ripaton, nous autres les pieds, sommes chargés de soutenir une personne. Notre rôle, à nous deux, est d'apporter notre soutien à Lian, une chinoise originaire d'un petit village de la province du Shandong. Quand Lian a eu 4 ans, on a commencé à nous enserrer, nous les pieds, avec des bandelettes jour et nuit. On aurait dit deux momies. Le but était de nous empêcher de grandir autant en longueur qu'en largeur. Comme vous pouvez le constater, nous sommes des tous petits pieds, nous mesurons à peine 15 cm.

En Chine, les petits pieds comme nous, ont représenté le summum de l'érotisme pendant plusieurs siècles! En effet, la jeune fille qui possédait cet atout était assurée de conclure un riche mariage. Ainsi a-t-on pratiqué cette coutume des pieds bandés pendant plus de mille ans. Son origine remonte au Xème siècle quand l'empereur de la dynastie des Tang a demandé à une de ses concubines de se bander les pieds pour exécuter la danse traditionnelle du lotus. Les femmes ont cherché à ressembler à cette favorite qui avait su séduire l'empereur.

Avec les pieds bandés, les femmes, marchent difficilement; elles se consacrent à la broderie et plus particulièrement à la fabrication de souliers raffinés et délicatement brodés. Elles sont contraintes de rester à la maison, leurs époux sont rassurés et leurs parents satisfaits.

Cette pratique, interdite par des décrets impériaux en 1902, a continué dans les faits car Lian est née après. Sa mère, sa grand-mère et toutes les femmes de sa lignée ont subi cette mutilation. Lian est une des dernières victimes de cette stupide coutume.

Alors oui, Lian a épousé un homme riche, elle n'a pas eu besoin de travailler mais elle est infirme, dépendante et nous, ses pieds sommes mutilés, souffrants et incapables d'assurer sa stabilité et sa mobilité.

Nous sommes venus ici pour dénoncer la barbarie des chinois qui mutilaient leurs filles, persuadés que le bonheur était dans le pied.

Au nom de toutes ces chinoises maltraitées, nous tenons à remercier très sincèrement toutes les personnes qui œuvrent pour l'amélioration de la vie des pieds sur cette planète. »

Ce témoignage est suivi d'une ovation de la foule et des félicitations de Charles-Henri Ripaton. Emu, il annonce le deuxième témoignage de pieds en provenance des Etats Unis d'Amérique.

Les Pieds plats

« Après le récit des pieds de Lian, la chinoise, nous nous sentons presque normaux car nous pouvons marcher, courir et nous chausser. Nous sommes deux pieds plats épuisés de fatigue mais mobiles. Nous soutenons Jim, un américain obèse, originaire du Massachusetts

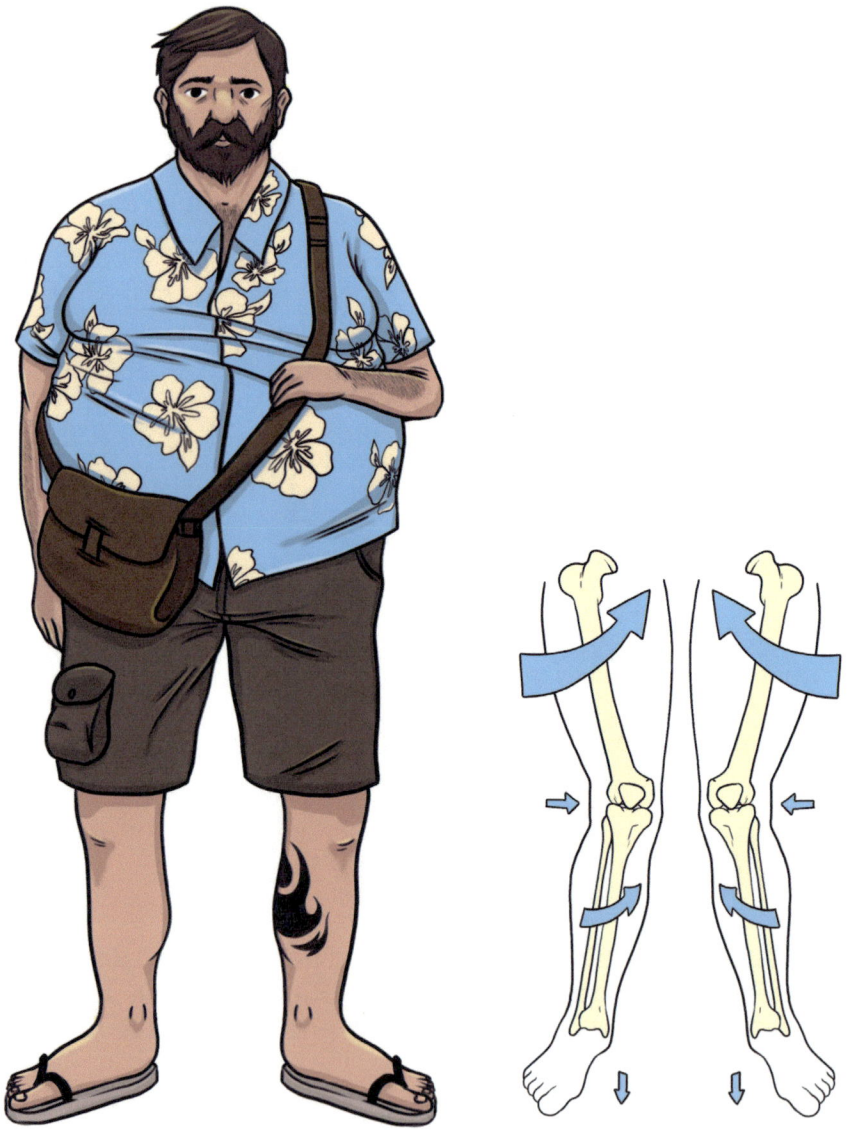

Dans notre pays, les Etats Unis, environ un quart de la population générale soit soixante millions d'Américains souffrent d'affaissement de la voûte plantaire car tous ces pieds supportent une charge trop lourde.

Les voûtes plantaires se constituent habituellement à l'âge adulte. Cependant, dans notre cas, elles ne se sont jamais formées. En position debout, toute la surface des plantes est plate et entre en contact avec le sol.

Adolescent, Jim a commencé à pratiquer des activités sportives et des douleurs aux genoux sont apparues. Elles ont empiré avec l'âge et Jim souffrait de douleurs dans le bas du dos. Il marchait bizarrement et se fatiguait vite. Le mauvais positionnement des pieds, le valgus du talon ont entraîné des compensations au niveau des genoux qui se sont répercutées aux hanches puis à toute la colonne vertébrale.

Adulte, Jim a pris du poids ce qui a aggravé l'affaissement des voûtes plantaires et son état général. Nous subissons une pression excessive et permanente contre laquelle nous sommes impuissants. Quand la limite du supportable est atteinte, nous réagissons par une inflammation: des douleurs, des rougeurs un œdème, et de la chaleur contraignant ainsi Jim à s'allonger. Tout de suite le bien-être revient. Nous nous demandons pourquoi le monde de la malbouffe *nous casse les pieds !* »

Charles-Henri Ripaton complète ce témoignage en précisant qu'en France, un homme qui avait des pieds plats était réformé ce qui veut dire qu'il était exempté de service militaire alors obligatoire. Ceci confirme l'importance de la voûte.

Il salue les pieds américains et appelle les pieds d'un petit rat de l'Opéra à venir à la tribune : «Voici un cas opposé au précédent qui va illustrer l'élasticité de la voûte plantaire.»

Les pieds de la danseuse

« Notre mission est de soutenir Delphine. Depuis qu'elle a 5 ans, elle rêve de devenir une danseuse étoile. Pour y parvenir, elle s'est soumise à un entrainement intensif et à un régime alimentaire très strict pendant des années.

La danse classique exige un maintien du corps et des gestes impeccables. Toute la beauté des mouvements vient de la facilité à s'étirer vers le haut et le plus souvent sur la pointe d'un seul pied.

Les danseuses sont toutes très obsédées par le cou-de-pied. Le travail sur pointe consiste à reporter le poids du corps sur d'autres appuis et l'axe vertical repose alors sur le bout de deux orteils ; le système amortisseur est supprimé.

La passion de Delphine, pour la danse est vraiment admirable, mais nous collectionnons les ampoules et les ongles incarnés si douloureux. Nos orteils subissant des forces trop fortes et répétées, se déforment et se replient en permanence.

Les spécialistes parlent d'orteils en marteau. Mais il est vrai qu'on devient marteau à cette cadence !

Au nom de l'art et de la beauté, nous souffrons. Voilà pourquoi nous nous rallions à votre mouvement de contestation. »

Charles-Henri Ripaton leur demande la faveur d'exécuter quelques pas de danse au grand plaisir de la foule qui applaudit à tout rompre. Apres ce divertissement, les témoignages reprennent avec les pieds d'un randonneur venus de Russie, en marchant.

Les pieds du randonneur

«Nous sommes chargés de soutenir Igor, un moscovite passionné de randonnée. Il s'adonne à cette activité tous les jours, week-ends y compris, et pendant toutes ses vacances. Ainsi il marche des journées entières, de préférence sur des sentiers de montagne et recherche les parcours de randonnées les plus insolites du globe; comme le chemin de l'Inca au Pérou, le Milford track de Nouvelle Zélande, ou le tour des Annapurnas au Népal.

Avant de venir ici en Italie, il a marché pendant soixante-dix jours consécutifs pour rejoindre Saint Jacques de Compostelle en Espagne en partant de la ville de Vézelay en France. Et bien sûr, avant l'assemblée de l'AMP, il a fait un petit détour par le sommet du Mont Blanc. Nous sommes des transporteurs hyperactifs.

Igor est un homme svelte et robuste, il marche à bonne allure, d'un bon pied. Il surveille son alimentation mais parfois abuse de la vodka avec ses copains marcheurs. Ils sont tous d'accords pour vanter les propriétés énergisantes et chauffantes de cette boisson. Alors, pendant les grands froids qui sévissent en Russie, ils en consomment!! L'alcool a des effets très néfastes sur la santé et particulièrement sur nous les pieds. Nous devenons lourds, enflés et nous sommes plombés!

Nous, les pieds sommes particulièrement sollicités dans les sentiers en pente et encore plus dans les descentes. Nous suons à grosses gouttes créant un authentique jus de chaussettes à l'odeur caractéristique de fromage. A ce jour, nous comptabilisons de nombreuses blessures diverses ampoules, cors, durillons, engelures, ongles noirs, et mycoses. Igor nous soumet à rude épreuve, nous ne nous reposons que pendant la nuit et nous aspirons à la retraite bien méritée.»

Charles Henri Ripaton, très impressionné par les performances des slaves, leur adresse un 'spassiba' (Merci en russe) pour les remercier avant d'accueillir des pieds très particuliers arrivant tout droit d'Amérique du nord.

Les pieds de l'amérindien

« Nous sommes les pieds d'un jeune américain, élevé selon le mode occidental. Sa famille est originaire de la tribu indienne des Sioux. Depuis son entrée à l'école, il cherche à retrouver les coutumes perdues de ses ancêtres. Il veut les retransmettre à tous ses frères indiens descendants des différentes tribus, les Apaches, les Cherokees les Cheyennes, les Hopis, les Iroquois, les Navajos ….

Il a changé son prénom John pour Chankoowashtay qui veut dire 'bonne route'. Et nous ses pieds, sommes venus vous dire que tous les pieds des Amérindiens sont envahis par la tristesse : tout ce que nous venons d'entendre nous confirme que le monde est très malade.

La sagesse indienne révèle que le cœur de l'homme devient dur quand il s'éloigne de la nature. Les citadins perdent tout contact avec les arbres, les plantes et les minéraux et son mode de vie le déconnecte de son âme.

Tous les indiens d'Amérique savent que la terre est sacrée. C'est pourquoi ils marchent pieds nus ou bien avec des mocassins légers. Les pieds indiens étant en accord avec leur tradition ancestrale sont en bonne santé, ils ne connaissent pas vos problèmes. Ils ressentent les flux subtils de la terre et la remercient pour tout ce qu'elle leur apporte: une énergie vitale. Il suffit de la ressentir, c'est simple. Alors pourquoi avez-vous besoin de voir pour croire ?

Notre message aujourd'hui se résume en une phrase célèbre du grand chef sioux, Tatanka Yotanka*, qu'il a tant répété aux hommes blancs : *La terre n'appartient pas à l'homme, c'est l'homme qui appartient à la terre.*

Au nom de tout mon peuple, je termine avec un chant traditionnel de paix. »

Le message provoque des acclamations de toutes parts dans la foule enthousiasmée. Chankoowashtay pose un immense chapeau à plumes sur sa tête et entonne des phrases simples que la foule reprend.

*Tatanka Yotanka (1831-1890) est un des principaux Amérindiens résistants face à l'armée américaine qui l'a surnommé Sitting Bull c'est-à-dire Bison assis.

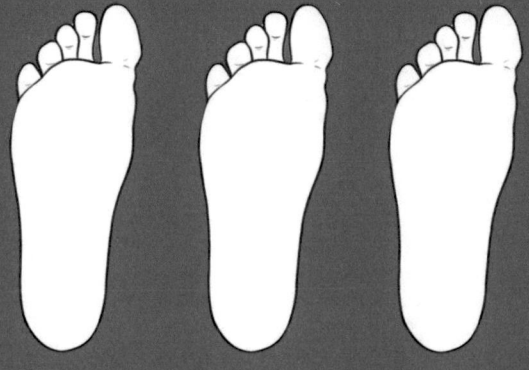

Des invités exeptionnels

Après tous ces chants, l'Assemblée Générale Extraordinaire reprend dans la joie et la bonne humeur.

Le président Charles-Henri Ripaton, tout excité, accueille ses invités, trois curieux personnages, uniques en leur genre :

«Mes chers amis, je vous présenter un trio infernal, héros de bandes dessinées. Il est composé du chef Croquignol, le blond au grand nez, de Filochard, le petit borgne colérique et de Ribouldingue le gros barbu sympa. Ils ne manquent pas une occasion pour mettre *les pieds dans le plat*.

Ils ont marqué ma jeunesse, m'ont enchanté par leur excentricité et beaucoup amusé par leur cocasserie.»

Les pieds Nickelés

«On nous appelle les pieds nickelés car nous sommes recouverts de nickel, ce métal précieux de couleur blanc argenté et nous voulons le préserver. Nous sommes des adeptes du moindre effort. En fait, nous sommes des experts en économie d'énergie vitale. Regardez nous et constatez comme nous sommes en bonne santé. Nous sommes des pieds *nickel* comme disent les jeunes c'est-à-dire impec. D'ailleurs si les jeunes ont adoptés un langage argotique, ne cherchez pas, ils nous copient !

Cette association est née en 1908 et a duré 80 ans. Trois aventuriers anarchistes et anticonformistes, prêts à tout pour escroquer les bourgeois et ridiculiser la société. Ils sont inséparables quel que soient les évènements, *pieds et poings liés*. Très malins ; ils etaient toujours au fait de l'actualité, rien ne leur faisait peur. Ils s'attaquaient même aux grands de leur époque comme le président de la République, leur influence a été considérable dans le comportement des français.

Mais aujourd'hui, ces trois lascars sont démodés et nous les pieds nous nous reposons après toutes ces années de gloire. Comme le dit la chanson: *le travail, c'est la santé, ne rien faire, c'est la conserver.* Nous sommes vraiment heureux, nous passons nos journées *les doigts de pieds en éventail.*»

Charles-Henri Ripaton les remercie chaleureusement pour leur petit numéro et rajoute, amusé, de ne pas prendre les paroles du trio *au pied de la lettre !* Puis il annonce l'invitée suivante, une petite merveille.

Le pied de Cendrillon

«Je suis un petit pied, de forme parfaite, tout droit sorti de l'imagination d'un écrivain, Charles Perrault. Tous les pieds des jeunes filles de mon pays ont tenté vainement de chausser la fameuse pantoufle de vair. Et moi, j'ai réussi pile poil. Grâce à ce test, le prince charmant a identifié Cendrillon malgré ses vilains habits. Il l'a épousé et a transformé sa vie misérable en un paradis.

Depuis, mon histoire a été reprise dans tous les pays et le prince charmant est devenu le rêve de toutes les jeunes filles et même des moins jeunes dans le monde !

Je suis venu témoigner que cette histoire ne doit pas être retenue au premier degré car le prince charmant n'existe pas. Ce qui ne veut pas dire qu'il n'existe pas des hommes charmants. Mais ce conte exprime d'autres messages plus profonds. Je suis, en tant que pied, l'élément clé de ce conte car je symbolise le point de départ d'une métamorphose :

C'est la baguette magique qui transforme la pauvresse en une jolie jeune femme attrayante. La fée représente une énergie nouvelle, la maturité. Elle indique qu'il est temps pour Cendrillon de quitter sa famille et de vivre de nouvelles expériences nécessaires à son évolution.

Le bal, c'est le monde extérieur. Il permet la rencontre avec le prince, la force masculine. Le masculin et le féminin sont deux forces complémentaires qui existent en chacun. Le principe masculin se caractérise par l'action, la performance tandis que le principe féminin exprime la beauté et l'Amour.

C'est donc l'homme qui part à la conquête de la femme. Dans ce conte, le prince emploie toute son énergie à retrouver le pied de sa bien-aimée. Cendrillon est patiente, se fait désirer et ainsi peut accéder au rang de princesse. La moralité de cette histoire est qu'avec de la patience, on trouve toujours *chaussure à son pied.*»

Charles-Henri Ripaton est bouleversé par la finesse et la délicatesse qui se dégagent du pied de Cendrillon.

Il rougit et bafouille. Des pieds en profitent pour prendre la parole sans y être invités. Une façon de *couper l'herbe sous le pied* du président.

Les pieds noirs

«Nous, les pieds noirs, tenons à exprimer très fort que nous ne sommes pas noirs du tout, ni par la couleur ni par la saleté.

On nous a collé ce nom de pieds noirs à cause des premiers colons qui ont débarqué en Algérie en portant des souliers de couleur foncée. Ils contrastaient avec les arabes qui marchaient le plus souvent pieds nus ou bien portaient des babouches de couleur claire.

Nous, les pieds noirs, sommes reconnaissables par deux caractéristiques: nous parlons fort avec un accent très ponctué et chantant. Mais surtout la grande particularité des pieds noirs est de *parler avec les mains!*»

En entendant la foule éclater de rire, Charles-Henri Ripaton, se ressaisit et reprend la main. Il proclame l'invité suivant, réalisant ainsi un vrai *pied de nez* aux pieds noirs !

Le pied d'Achille

« Je suis le pied gauche d'Achille dont l'histoire est tirée de la mythologie grecque. Sa mère Thétis, la nymphe de la mer désirait que son fils soit invulnérable, donc immortel. Sur les conseils d'un vieux sage, elle le plonge dans le Styx, un fleuve sacré, en le tenant par mon talon.

Grâce à ce bain, Achille acquiert une force surhumaine et devient un guerrier redoutable. Il se surpasse pendant de nombreux combats au cours de la guerre de Troie.

Pour se venger, Paris, le prince troyen, guidé par le dieu Apollon lui décoche une flèche empoisonnée au seul endroit vulnérable de son corps, le talon gauche. Achille succombe à cette blessure.

Grâce à mon talon et à mon tendon, je jouis d'une grande célébrité. En effet, *le talon d'Achille* est devenu une expression populaire pour désigner le point faible de quelqu'un et le tendon calcanéen a été rebaptisé **tendon d'Achille**. Ainsi j'ai été immortalisé!»

Charles-Henri Ripaton ajoute que la même histoire existe dans la tradition hindoue :
«Le grand Krishna, héros mythique de l'épopée du Mahabharata, a trouvé la mort après avoir reçu une flèche au talon.

Ce grand saint est vénéré dans toute l'Inde pour ses hautes qualités spirituelles, son immense amour et pour ses combats contre le mal. Il m'a chargé de l'excuser pour son absence due à un surcroit de travail avec son disciple Arjuna.

Et voici une autre histoire de talon avec les invités suivants.»

Les pieds d'Esaü et de Jacob

«Notre histoire est racontée dans la Genèse. Esaü et Jacob sont les fils jumeaux d'Isaac et Rebecca et les petits fils d'Abraham et Sarah.

Esaü, roux et velu est l'ainé et en tant que tel a tout pouvoir. Son frère jumeau Jacob, encore dans le ventre de leur mère, le retient fermement au talon pour l'empêcher de naitre.

Arriver au monde avec une entrave au talon est un mauvais présage pour avancer surtout si le responsable se prénomme: Jacob*. Ce prénom en hébreu, signifie il talonnera. En d'autres termes, il va supplanter son jumeau: le destin semble, d'emblée, tracé.

Esaü aurait pu se méfier mais c'est un rustre qui passe ses journées à chasser. Jacob, paisible et particulièrement intelligent, réussit facilement à échanger le droit d'ainesse d'Esaü contre un plat de lentilles !

Plus tard, Esaü va à la chasse et perd sa place. Jacob usurpe la bénédiction que son père Isaac, devenu vieux et aveugle, voulait et croyait donner à son ainé. Il supplante son frère comme son prénom l'avait prédestiné et devient l'héritier avec la complicité de sa mère Rebecca.

Esaü, fou furieux décide de tuer son jumeau et, sans l'intervention divine, cette dispute se serait terminée en fratricide.

Jacob rêve qu'une échelle se dresse sur la terre et monte jusqu'au ciel, avec des anges y montant et descendant. Dieu, se tenant en haut de l'échelle, lui confirme sa protection et renouvelle l'alliance contractée avec ses pères.

Finalement les jumeaux se réconcilient et cette histoire incite tous les hommes à se surpasser, s'élever et gravir l'échelle de Jacob.»

*De l'hébreux Ya'aqov.ou aqev qui signifie 'talon'

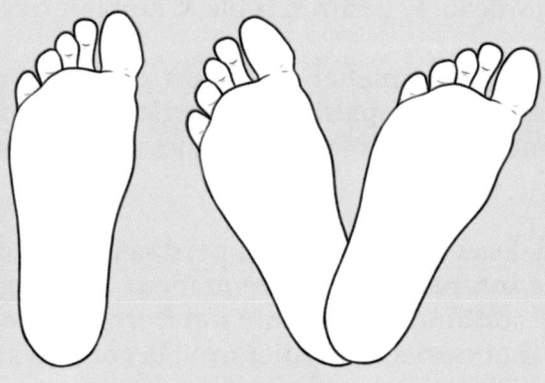

Des spécialistes prennent la parole

Après tous ces sincères témoignages divers et variés, le président parait très satisfait et déclare :

« Un proverbe chinois affirme que *lorsque l'on tombe, ce n'est pas le pied qui a tort*. Si le pied de l'homme est relié à la terre, son esprit est branché avec le ciel et le cœur réunit le haut et le bas, le matériel et le spirituel.

Pour faire avancer d'un grand pas cette connaissance du pied, l'Association Mondiale des Pieds a sollicité plusieurs spécialistes afin qu'ils partagent leurs expériences professionnelles et donnent des conseils à tous les membres de l'assemblée. »

Un marchand de chaussures

«Je m'appelle Pedro Zappata et je suis originaire de la ville de Barcelone en Espagne. Je suis un professionnel de la chaussure depuis plusieurs décennies : je suis surtout un passionné des souliers en tout genre.

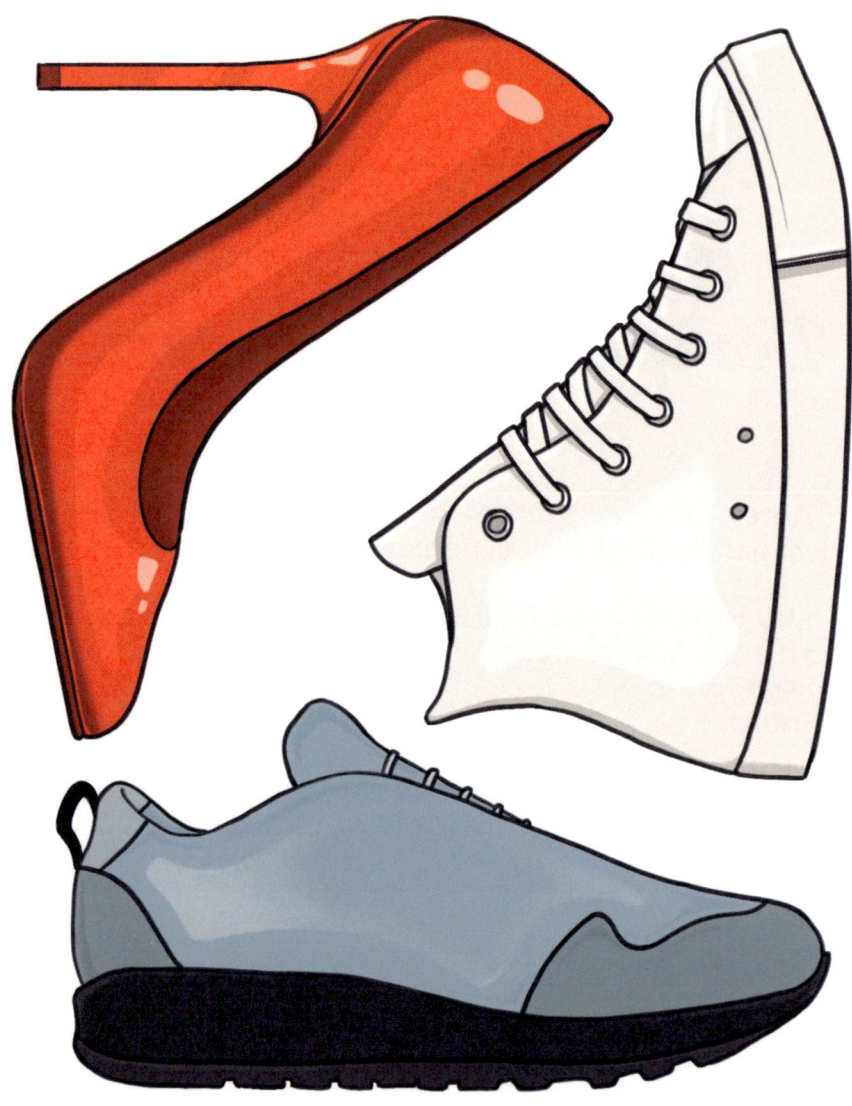

J'apprécie la variété des formes comme les bottes, les escarpins ou même les sabots et j'aime l'odeur du cuir. J'ai écouté le message des amérindiens que je respecte. Cependant, je me permets de donner un avis de professionnel.

Les chaussures sont indispensables pour protéger les pieds avant tout en les isolant du sol. C'est nécessaire dans les villes où la terre est recouverte de pavés ou de béton. En hiver, les chaussures fourrées, les bottines sont très utiles pour maintenir les pieds au chaud.

La forme des chaussures suivent la mode, les tendances et varient selon les pays. Elles complètent l'habillement et donnent un style.

Je peux vous assurer que leur conception n'a pas cessé d'évoluer au fil des temps ! De plus en plus, des spécialistes étudient sérieusement la structure du pied. Ils cherchent à adapter la forme des chaussures en respectant leur anatomie tout en suivant les exigences de la mode. Nous avons été obligés de créer des chaussures féminines avec des talons de 14 cm pour répondre à une demande et satisfaire nos clientes et leurs compagnons qui affectionnent particulièrement ces talons vertigineux. Nous sommes néanmoins conscients de l'inconfort et des conséquences néfastes pour le dos.

Actuellement, les baskets sont très tendance dans beaucoup de pays. Elles assurent un grand confort tout en s'harmonisant avec les tenues actuelles et sont les préférées des jeunes et des moins jeunes. Enfin le rôle de la chaussure est aussi important lors des activités sportives car elle permet la stabilité du pied devant supporter des chocs inhabituels.

Vraiment, je pense que les chaussures peuvent être les meilleures amies de tous les pieds. Je terminerai en vous rappelant qu'à la fête traditionnelle de Noël, tous les enfants laissent leurs souliers devant le sapin car c'est là que les cadeaux seront déposés.»

Charles-Henri Ripaton partage le goût du marchand car il raffole des baskets. L'invité suivant est un professionnel spécialiste de la santé du pied.

Un podologue

«Je m'appelle Bernard Sabatier, je suis podologue et j'exerce ce métier en France où 65% de la population déclare avoir des douleurs aux pieds. De plus en plus, de jeunes sont contraints de consulter des podologues. Mon travail consiste à observer et détecter les troubles structurels et fonctionnels du pied afin de les corriger.

Je suis amené à atténuer diverses malformations du pied comme le fréquent hallux valgus. J'utilise alors des orthèses pour redresser le gros orteil et réduire ainsi la déformation des pieds. Je confectionne également des semelles pour modifier la statique et les points d'appui défectueux et douloureux.

La répartition de la gravité se fait en trois points principaux qui forment un triangle à sommet postérieur et à base antérieure de la plante du pied.

Je recommande à tous ceux qui le peuvent de marcher pieds nus dans l'herbe avec la rosée du matin pour renforcer leur vitalité et leur ancrage. J'insiste sur le point du talon que beaucoup de personnes n'utilisent plus lors de la marche pour aller plus vite.

Et c'est pourquoi, en été je me bats contre les porteurs de tongs qui sont instables et ne protègent pas l'arrière du pied.

Les pieds ont besoin de soins réguliers que je vous résume en deux mots : **massage et hydratation** ; c'est le secret pour garder des pieds en bonne santé.»

Le président de l'AMP félicite Bernard Sabatier pour ces recommandations avisées et annonce l'intervenante suivante.

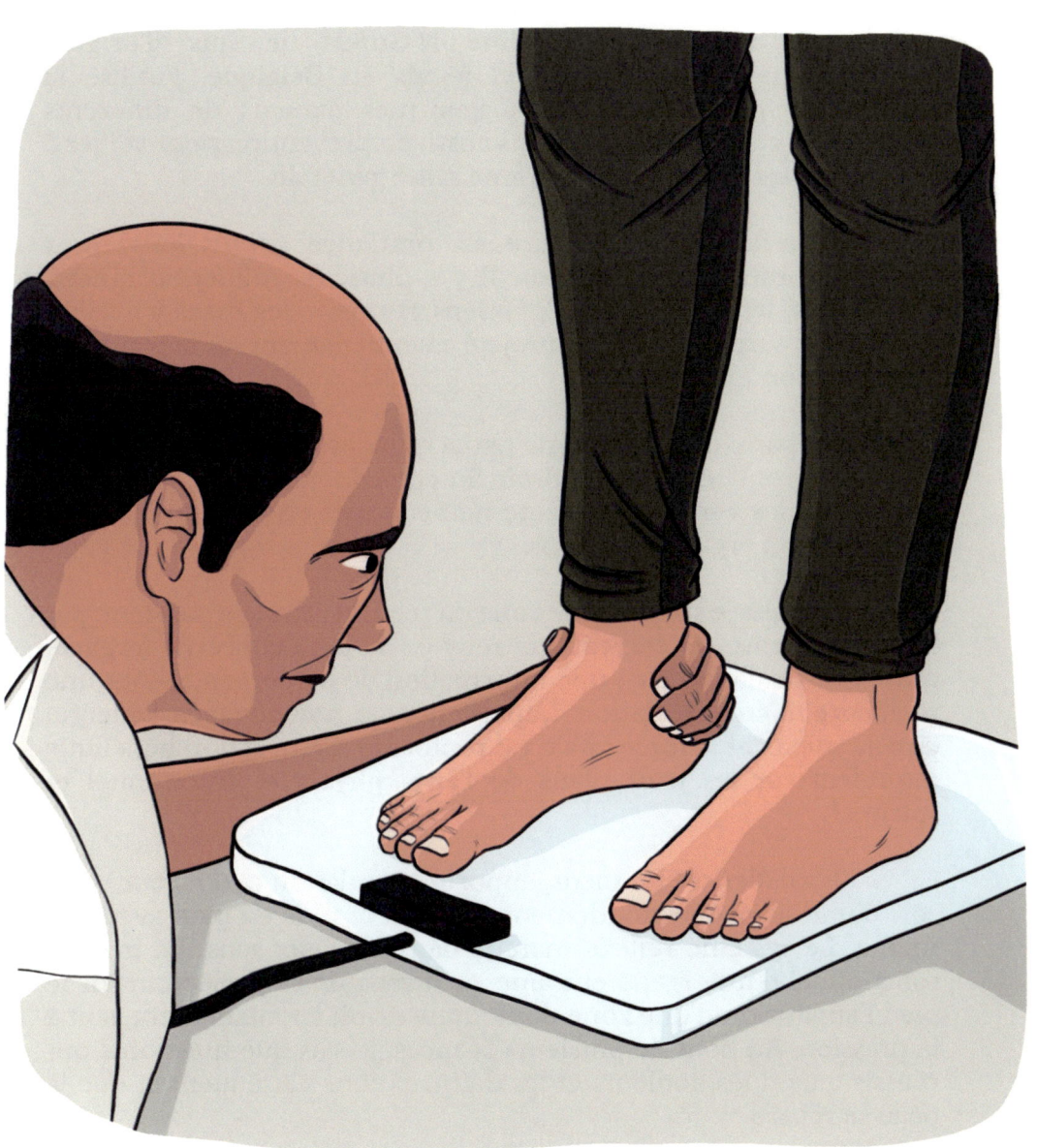

Une réflexologue

« Je m'appelle Géraldine N'Guyen, je suis d'origine vietnamienne par mon père et je vis en Belgique. J'utilise la réflexologie plantaire pour soulager mes patients de différents maux. Avec cette technique, j'agis aussi, en prévention pour veiller à l'équilibre des organes et à la bonne santé générale.

La réflexologie plantaire est pratiquée depuis longtemps dans de nombreuses traditions. Il y a plusieurs milliers d'années, les Chinois, les Indiens, les Egyptiens et même les Incas y avaient recours. Le corps humain est projeté essentiellement sur la plante du pied de façon miniaturisé.

On parle de réflexologie parce que c'est le circuit réflexe qui est à l'œuvre: l'hémisphère droit du cerveau contrôle l'hémicorps gauche et vice versa. Le système nerveux met en relation les deux pieds avec les organes du corps.

Lorsque je stimule une zone du pied, le message parvient, par la voie nerveuse, au cerveau qui renvoie au tissu concerné (organe, muscle, articulation etc.) une information de détente induisant une meilleure micro circulation. L'apaisement se met en place, l'énergie circule mieux et la force vitale est renforcée. Cette action bénéfique intervient sur les trois plans de l'être, physique, émotionnel et spirituel.

Travailler sur les pieds, apporte stimulation et douceur et on sort d'une séance profondément détendu et plus en paix avec soi-même. Le système reflexe marche dans les deux sens. Le trouble fonctionnel d'un organe entraine au niveau de sa projection sur le pied l'apparition d'une zone douloureuse, soit spontanément, soit à la pression. Au bout de plusieurs séances, je sais que mes soins ont réussis quand les douleurs et les déformations s'atténuent et que la peau se répare.

La réflexologie plantaire permet de soulager de nombreuses affections et aide le corps à renforcer ses mécanismes d'auto-défense et d'auto-régénération.

Je m'associe à tous mes collègues pour crier haut et fort de prendre soin des pieds. La marche pieds nus, les exercices d'assouplissement, les bains de pieds avec des huiles essentielles, les douches chaudes et froides alternées, les massages, l'acupressure sont des méthodes efficaces pour mettre la *santé à vos pieds.* »

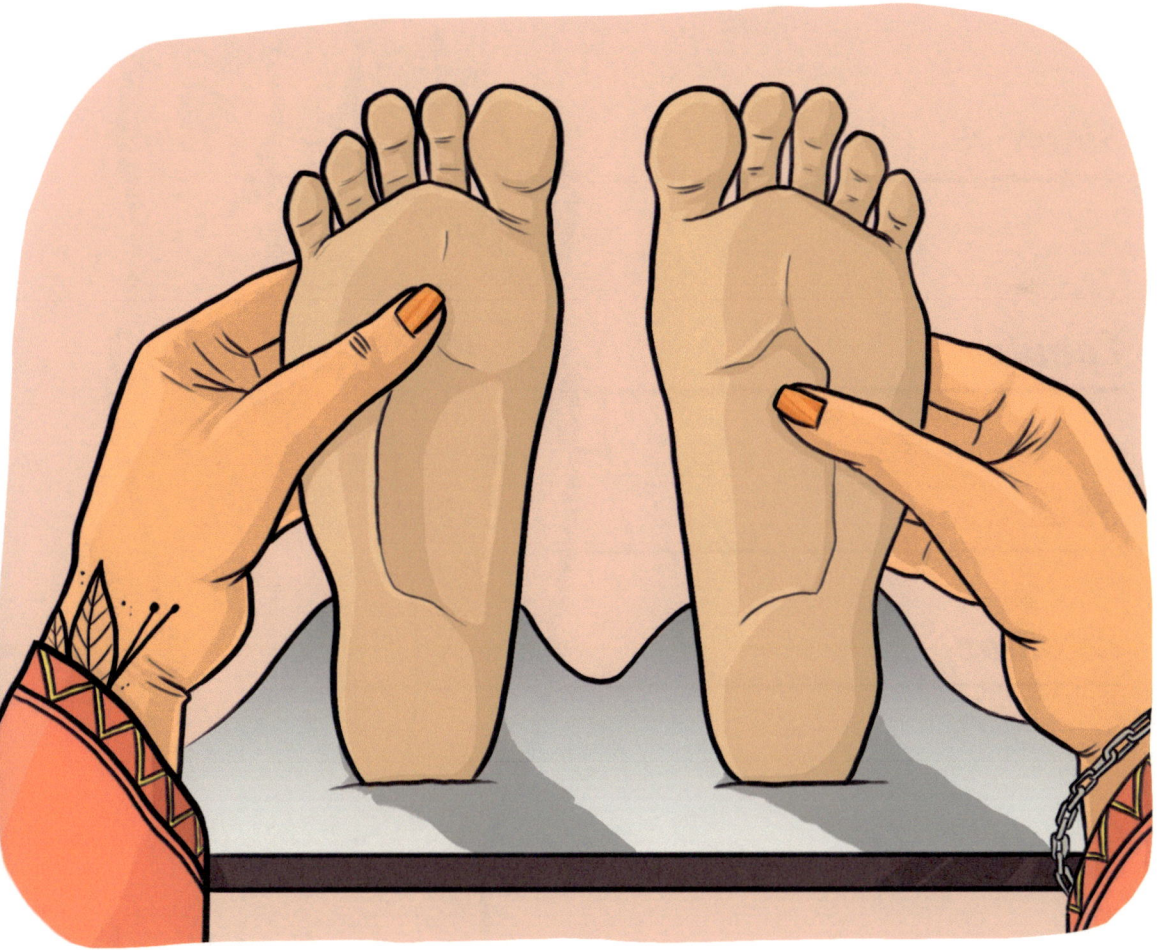

Le président remercie vivement cette experte pour ses précieux conseils et présente le prochain intervenant originaire de Terre Sainte.

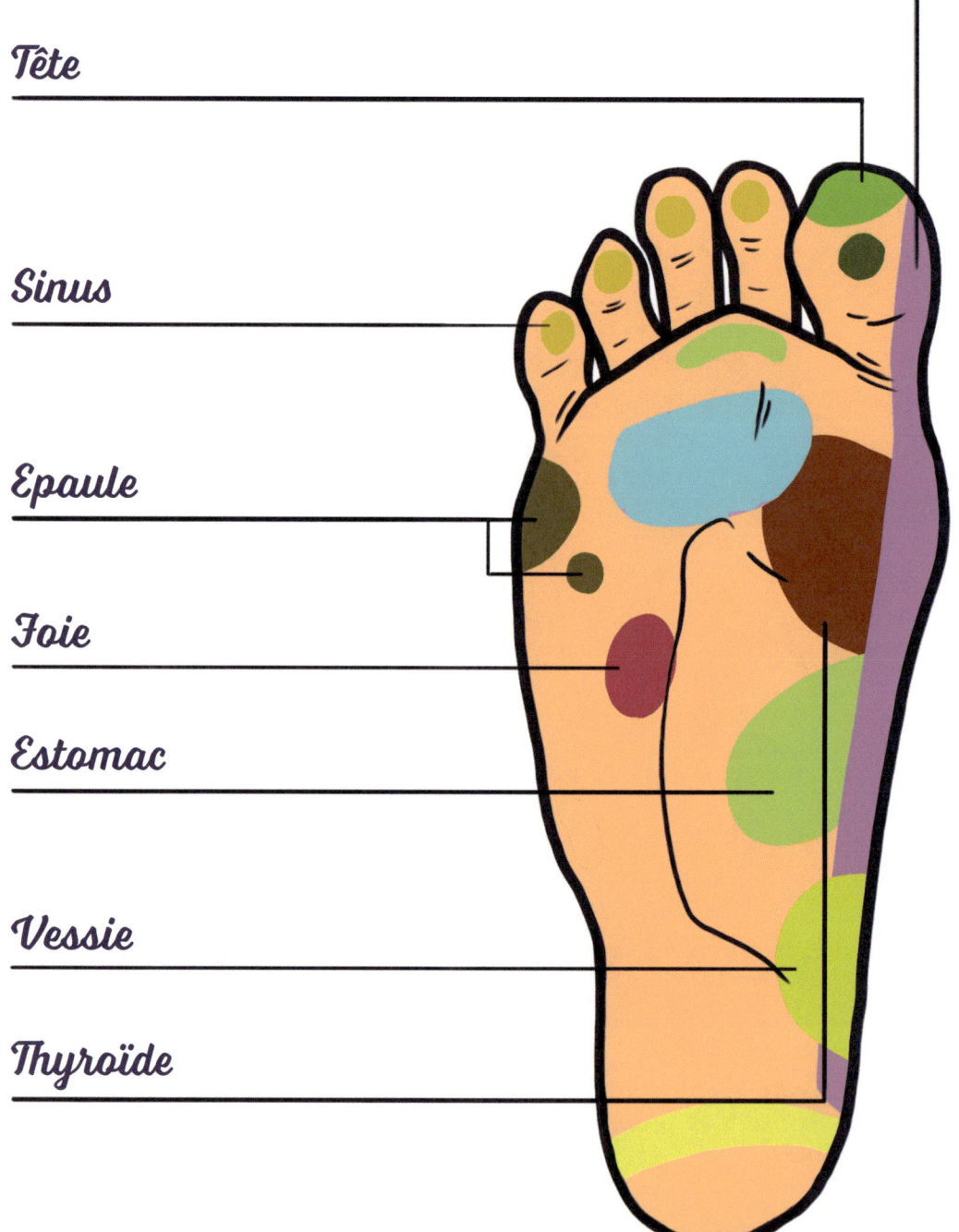

Cartographie des zones reflexes du pied

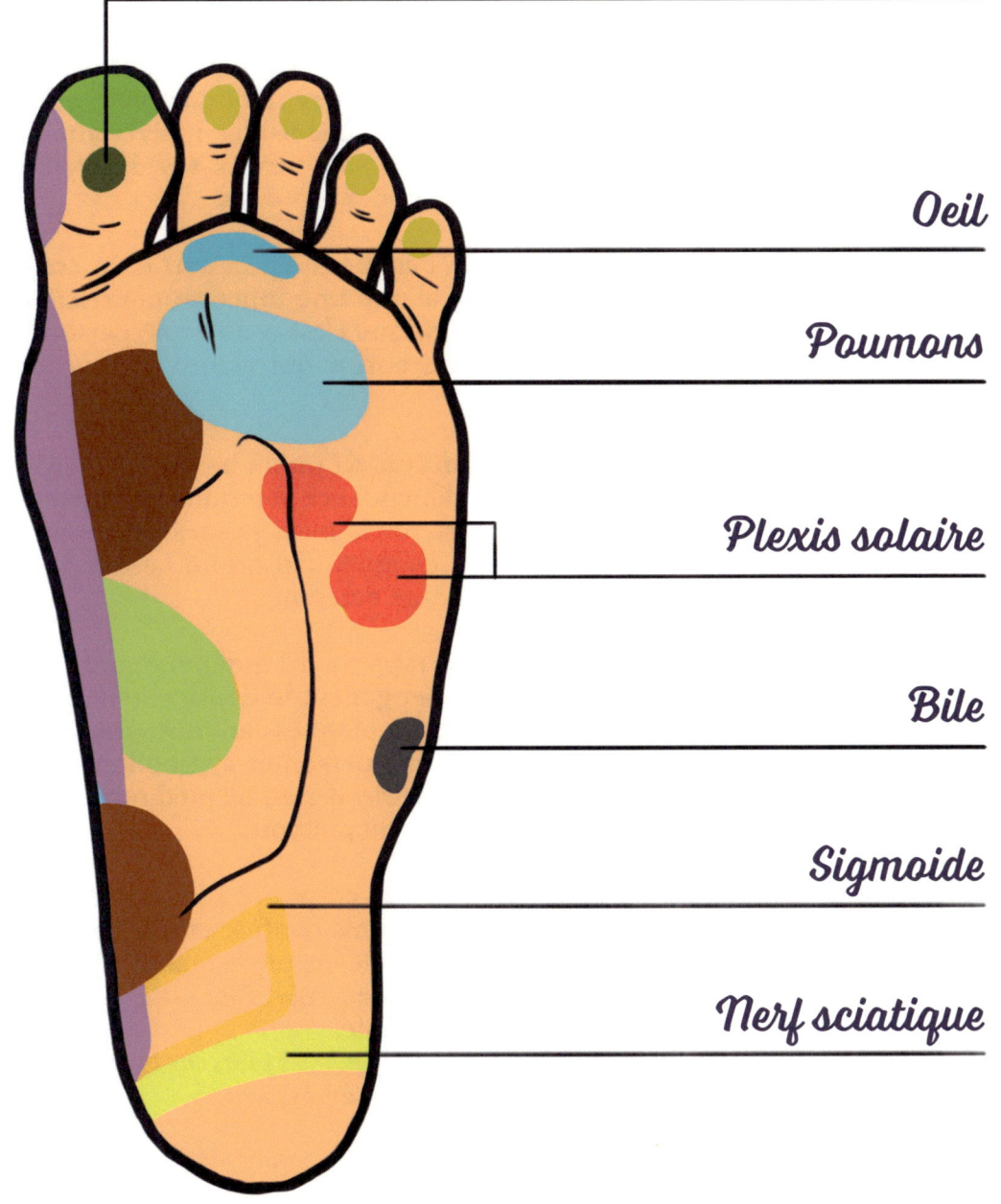

- Hypophyse
- Oeil
- Poumons
- Plexis solaire
- Bile
- Sigmoide
- Nerf sciatique

Un essayiste

Mon nom est Jean-Sébastien Bloch et j'habite Tel Aviv en Israël. Je suis spécialisé dans le symbolisme du corps humain.

En hébreu, le mot pied se dit «Réguel» dont la racine hébraïque «ragual» veut dire guider, diriger. Nous avançons dans la vie physiquement à l'aide de nos pieds et symboliquement selon notre état d'esprit. Corps et esprit sont indissociables, mais comment savoir lequel commande l'autre ? C'est à travers ses différentes fonctions que nous pourrons apporter des réponses.

Nous savons que la plante des pieds est la partie du corps en relation avec **la terre**. La terre assure une fonction nourricière, symbolise **la mère réelle ou symbolique** c'est-à-dire une personne qui joue le rôle de mère ou l'entreprise qui assure la fonction nourricière.

Le pied plat traduit donc un contact ou un besoin de contact fort à la mère, une fusion ou une dépendance voire une soumission. C'est pourquoi les enfants ont les pieds plats jusqu'à sept ans. A l'inverse le pied creux montre un éloignement ou un besoin de se détacher d'une mère ressentie comme écrasante.

Nos pieds traduisent notre rapport à **l'indépendance**, à la **liberté** : si nos pieds se contractent et gênent le déplacement, nous pouvons nous interroger si nous restons bloqués dans nos croyances. Le pied permet d'écraser un objet, une personne, symboliquement bien sûr. On dit que celle-ci *se fait marcher dessus*. Le pied représente alors l'expression de la **domination** et du **pouvoir**.

Le pied assure aussi l'équilibre du corps et conditionne notre manière de nous comporter. Une personne confuse et peu fiable ne sait pas *sur quel pied danser* : elle s'emmêle les pieds quand elle a du mal à se positionner, à affirmer ce qu'elle pense. Elle est *à coté de ses pompes*. quand elle perd le sens de la réalité.
En revanche, une personne réaliste, a *les pieds sur terre*. Si elle est débrouillarde dans la vie, elle *retombe sur ses pieds*.

Quand nous marchons, nous mettons un pied devant l'autre en regardant droit devant nous. Si nous regardons en arrière, notre bonne marche est compromise. Pour avancer dans la vie, c'est la même chose, nous devons être présents avec un objectif clair à atteindre sans se préoccuper du passé. En marchant, le pied laisse une empreinte sur le sol : il indique d'où nous venons et où nous nous dirigeons.

Dans ma religion, le rôle de la mère est capital puisque c'est elle qui transmet le judaïsme à son enfant. Par sa bienveillance, sa patience, son amour et son soutien, la mère assure la stabilité de l'enfant et son équilibre. La mère lui permet de trouver son autonomie et la direction de sa vie c'est-à-dire être enraciné.

Pour terminer cette réflexion, on pourrait dire: montre moi tes pieds et je connaitrai ta relation avec ta mère. Chalom à tous.»

En l'écoutant, Ripaton pense que cet homme *donne un coup de pieds dans la fourmilière*. Et il annonce le dernier intervenant.

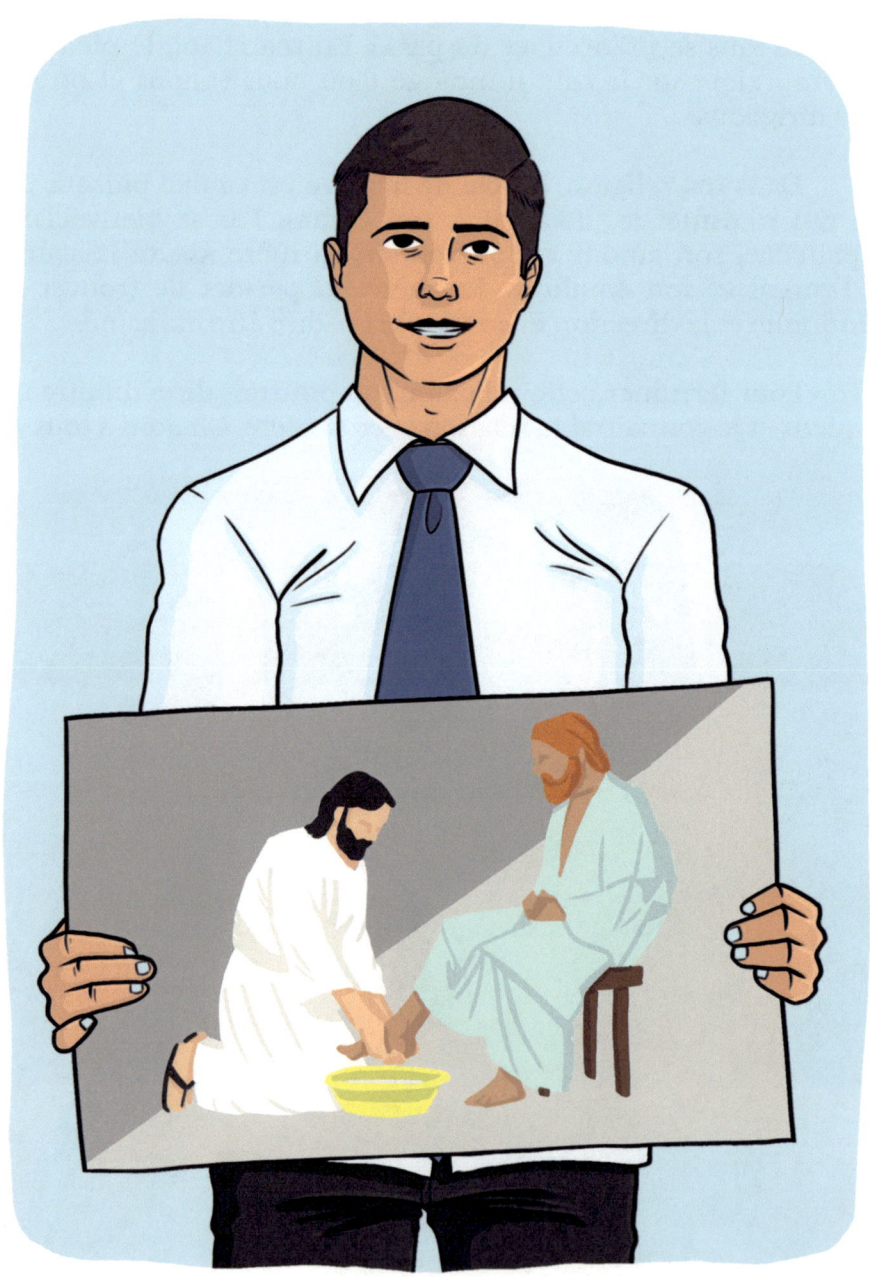

Un théologien

«Mon nom est Joseph Delcroix et je viens de Genève. J'enseigne la théologie dans diverses universités Européennes. Je vais donc aborder le sujet de ce colloque avec une démarche spirituelle et les pieds sont justement des révélateurs de cette démarche. Les pieds nous transportent sur la voie pour trouver notre véritable nature qui est divine.

Dans toutes les traditions, on pratique des rituels de purification pour faciliter cette quête. **le Christ** lavait les pieds de ses disciples pour supprimer toute impureté et les invitait à faire de même : *«Si je vous ai lavé les pieds, moi le Seigneur et le Maître, vous aussi vous devez vous laver les pieds les uns aux autres »* (Jean, 13,14).

Mais il y a aussi les impuretés venant de la terre, c'est pourquoi c'est bien de se déchausser. Quand **Moïse** s'approche du buisson ardent, Dieu lui dit : *N'approche pas d'ici, ôte tes souliers de tes pieds, car le lieu sur lequel tu te tiens est une terre sainte.* (Exode 3, 2-5).

J'attire votre attention sur le fait que chaque pied est composé de 26 petits os. Peut-on parler de hasard quand on sait que 26 est considéré par beaucoup comme le nombre de Dieu ? En effet, la valeur numérique du nom divin YHWH est 26. Ce nom de 4 lettres hébraïques yod, hé, vav et hé se retrouve au quatrième chapitre de la genèse avec ses 26 versets, commençant par le mot Adam et se terminant par le mot Dieu.

Lors d'un voyage en Orient, j'ai constaté, qu'on retire ses sandales à l'entrée des temples et des mosquées mais également avant de rentrer à l'intérieur d'une maison : cette coutume est une marque de respect et d'humilité.

Selon la légende, Siddhārtha Gautama est né dans les années 560 avant J.-C. dans le nord de l'Inde. A 29 ans, il quitte son palais, renonce à sa vie luxueuse pour devenir moine. Après une ascèse de six années, l'illumination a lieu et il devient **le Bouddha**, ce qui signifie 'l'éveillé' ou 'le bienheureux'. Le bouddhisme est issu de ses enseignements (appelés le dharma) et sont toujours d'actualité.

En Inde, Yoga, hindouisme et bouddhisme ont cohabité pendant plusieurs siècles avec des enseignements similaires. L'homme peut retrouver sa vraie nature en se libérant de la mauvaise habitude qu'il a de s'identifier à ce qu'il n'est pas. C'est pourquoi, Bouddha est souvent représenté **par des traces de pas** (bhuddapada en sanskrit) et non par son aspect physique. L'empreinte des pieds du Bouddha reflète l'impact de son énergie lumineuse, son infinie sagesse et porte le devenir de l'homme

On retrouve la représentation de la trace des pas (vestigium pedis en latin), laissée par les prophètes ou les saints chez les chrétiens mais ces empreintes sont réellement vénérées et considérées comme miraculeuses dans toute l'Asie.

En Inde, plus particulièrement les pieds sont considérés comme la partie la plus sacrée de notre corps. Ils déterminent notre **progression vers l'accomplissement de l'âme**. En hindi, le mot *pied* signifie début du moment.

Les maitres authentiques enseignent à leurs disciples de chercher l'origine, de revenir à la source. Celui qui y parvient, trouve ce tout premier instant, alors il est prêt pour pénétrer dans son royaume intérieur.

Et je termine avec une citation du grand sage chinois Lao-Tseu dans le Tao-Te-King :

« Là où se trouvent tes pieds, commence le voyage. »

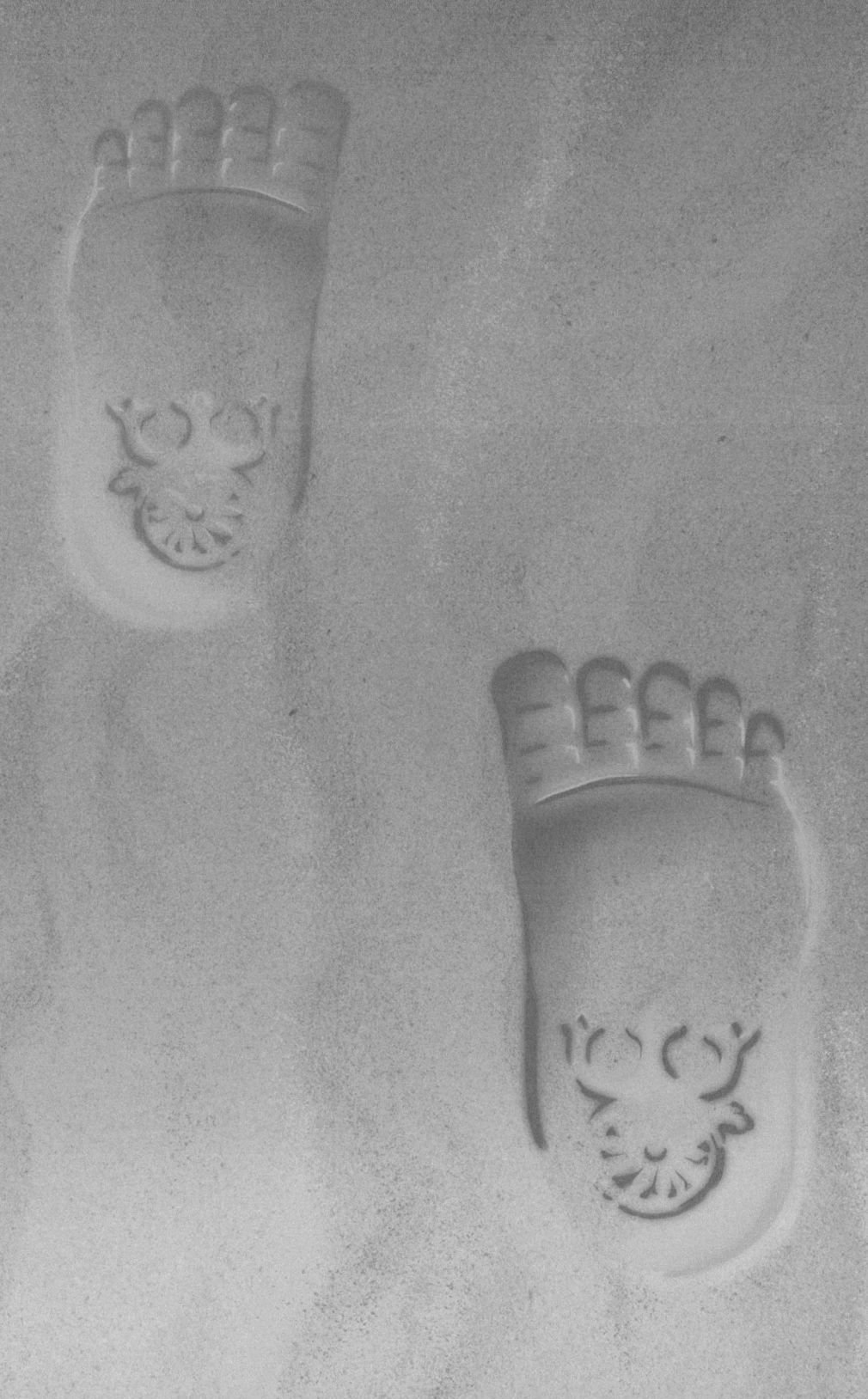

Conclusion

Tout a une fin et il est temps de se quitter. Charles-Henri Ripaton clôt l'Assemblée Générale Extraordinaire de l'Association Mondiale des Pieds (AMP). Après avoir renouvelé ses sincères remerciements à chaque intervenant et à chaque participant, il présente ses excuses à tous les pieds qui n'ont pas pu prendre la parole. Puis il félicite tout le staff d'organisation des Piémontais qui ont contribués au bon déroulement de cette journée.

Le président est vraiment très heureux car il a atteint l'objectif qu'il s'était fixé : donner aux pieds le désir de retrouver leur véritable identité caractérisée par la mobilité, l'indépendance et la liberté. Ainsi tous les pieds pourront aider les hommes à se connecter à leurs racines terrestres, à ouvrir leurs cœurs et changer d'état d'esprit. Ils avanceront pas à pas dans la bonne direction et l'humanité pourra atteindre ses racines célestes.

Tous les membres présents de l'Association Mondiale des Pieds partagent son bonheur et le manifestent par des piétinements de joie.

Le président, radieux déclare que : «L'intégralité de tous les témoignages et les conférences qui ont eu lieu lors de la réunion seront retranscrits avec fidélité. L'ensemble sera édité sous la forme d'un fascicule portant le titre la révolte des pieds.

Ce livre sera en vente dans les librairies et également en ligne. Malheureusement, la lecture ne pourra pas faire vivre l'ambiance de fraternité exceptionnelle que nous avons partagée. C'est pourquoi, j'ai demandé à Victor, un jeune artiste prometteur d'agrémenter le texte par des illustrations.

Pour la distribution, j'ai contacté **Mercure*** le maître incontesté de la communication. Pour ceux qui ne le connaissent pas, Mercure est un agent, de transmission ultra rapide, il entretient des relations étroites avec les commerçants, les voyageurs, les médecins et même avec les voleurs. On l'appelle le messager des Dieux. Il apporte la paix à tous les révoltés en stimulant, leur réflexion et l'envie d'apprendre.

Pour réaliser toutes ces prouesses, Mercure possède un atout inestimable : il a des pieds magiques qui comportent des talons ailés.»

*Hermès dans la mythologie grecque

Eh hop! Eh hop! Place à Mercure!
Ses pieds ne touchent pas le sol,
Un bleu nuage est sa voiture,
Rien ne l'arrête dans son vol.
Offenbach

Pour en savoir plus

Apprendre à masser les pieds-Docteur Soleil- Editions Soleil

Dictionnaire du livre de la nature -Aivanhov- Editions Prosveta

Dictionnaire des symboles-J. Chevalier et A. Cheerbrant- Editions Seghers

La bible. Genèse 25:21-34; 26:34- 35; 27

Le pied en thérapie manuelle-Editions Spek

La spiritualité du corps- Dr Alexander Lowen -Editions Dangles

La voix du corps-Georges Lahy-Editions Lahy

Le symbolisme du corps humain -Annick de Souzenelle-Editions Albin Michel

Pathologie ostéo-articulaires et musculaires-Jean-Claude Fajeau- Editions Philae

Du même auteur

Santé et Spiritualité pour tous aux Éditions Bérangel

Histoires à deux ou double je aux Éditions Eyrolles

ô la main aux Editions BoD

Table des matières

Introduction 5
I L'allocution du président..13

II Les pieds s'expriment..19
    Les pieds de la chinoise..20
    Les pieds plats 22
    Les pieds de la danseuse...24
    Les pieds du randonneur 26
    Les pieds de l'amérindien..28

III Des invités exceptionnels..31
    Les pieds Nickelés..33
    Le pied de Cendrillon..35
    Les pieds noirs...36
    Le pied d'Achille 38
    Les pieds d'Esaü et de Jacob..41

IV Des spécialistes prennent la parole..43
    Un marchand de chaussures...44
    Un podologue 46
    Un reflexologue...48
    Un essayiste..52
    Unthéologien..54

Conclusion..59
Pour en savoir plus 63

« Le pied va où le coeur le mène. »
Proverbe Africain

© 2020, Paule Benichou

Édition : BoD – Books on Demand,
12/14 rond-point des Champs-Élysées, 75008 Paris.

Impression : BoD - Books on Demand, Norderstedt, Allemagne

ISBN : 9782322237692

Dépôt légal : Juillet 2020